ASSOCIATION

DES

AMIS DE L'UNIVERSITÉ

DE MONTPELLIER

Obsèques de M. BLAVY, président

ASSEMBLÉE GÉNÉRALE DU 27 FÉVRIER 1902

Liste générale des Membres de l'Association

MONTPELLIER

IMPRIMERIE Gustave FIRMIN, MONTANE et SICARDI

Rue Ferdinand Fabre et quai du Verdanson

—

1902

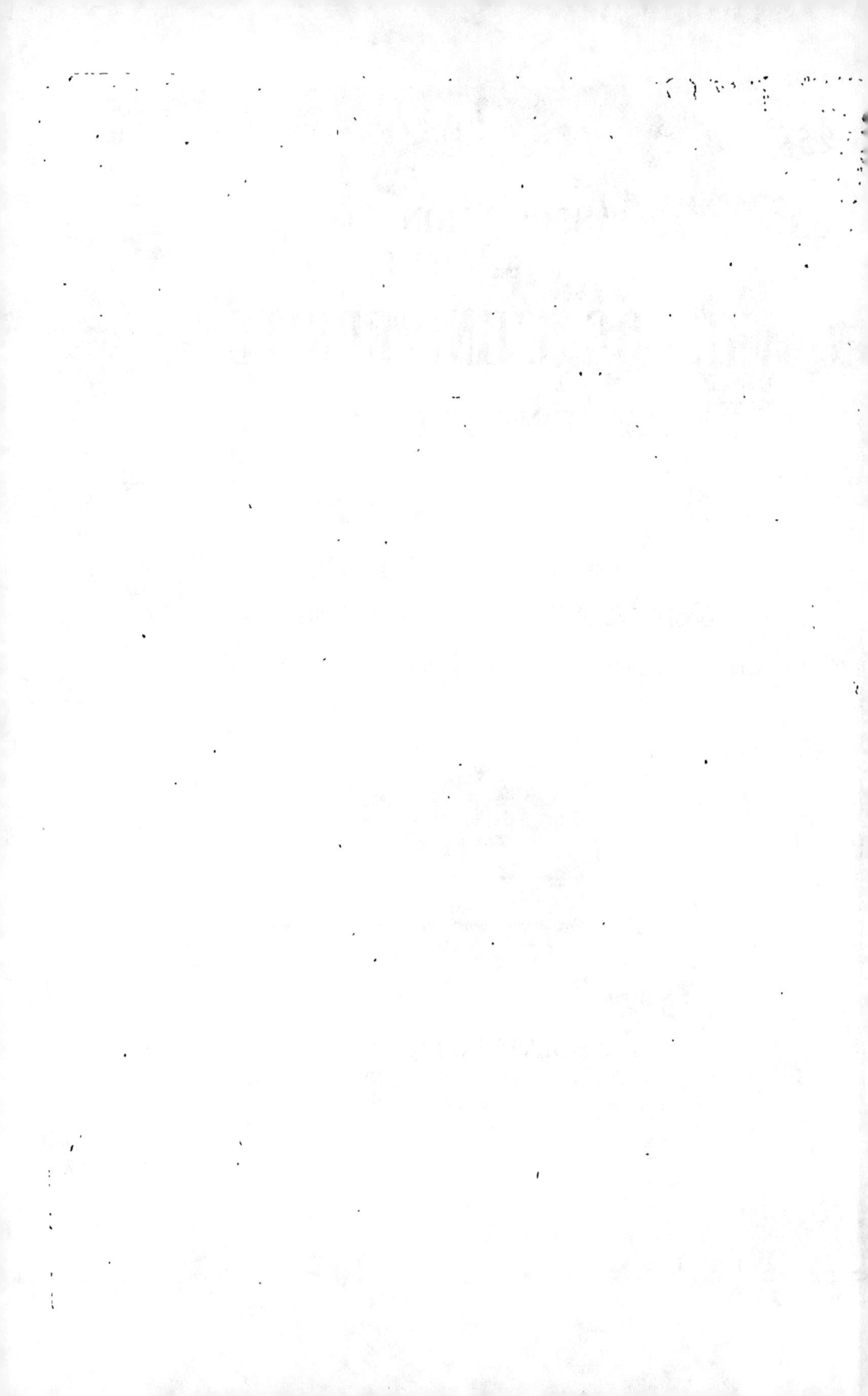

ASSOCIATION

DES

AMIS DE L'UNIVERSITÉ

DE MONTPELLIER

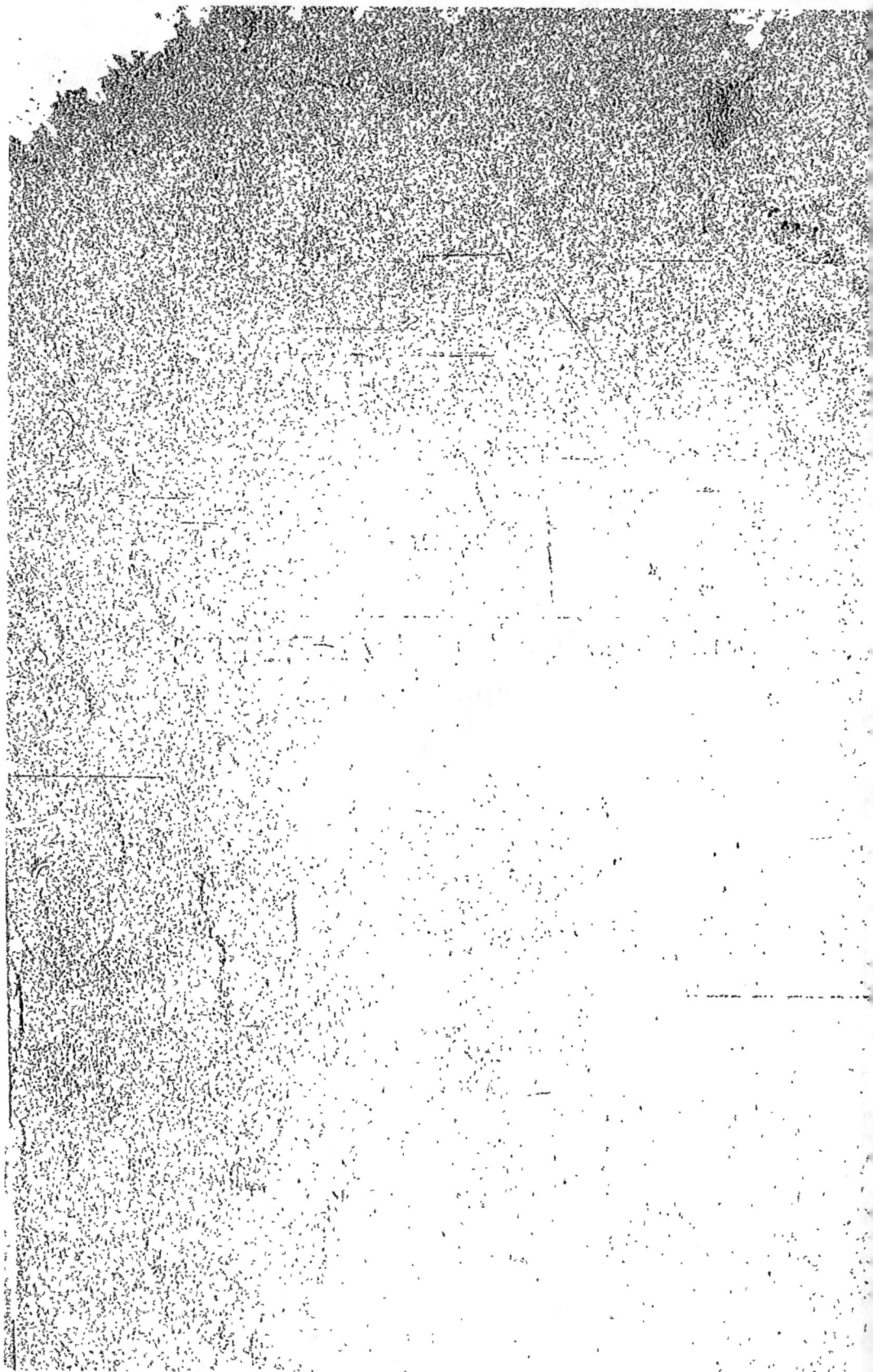

ASSOCIATION

DES

AMIS DE L'UNIVERSITÉ

DE MONTPELLIER

Obsèques de M. BLAVY, président

ASSEMBLÉE GÉNÉRALE DU 27 FÉVRIER 1902

Liste générale des Membres de l'Association

MONTPELLIER

IMPRIMERIE Gustave FIRMIN, MONTANE et SICARDI

Rue Ferdinand Fabre et quai du Verdanson

—

1902

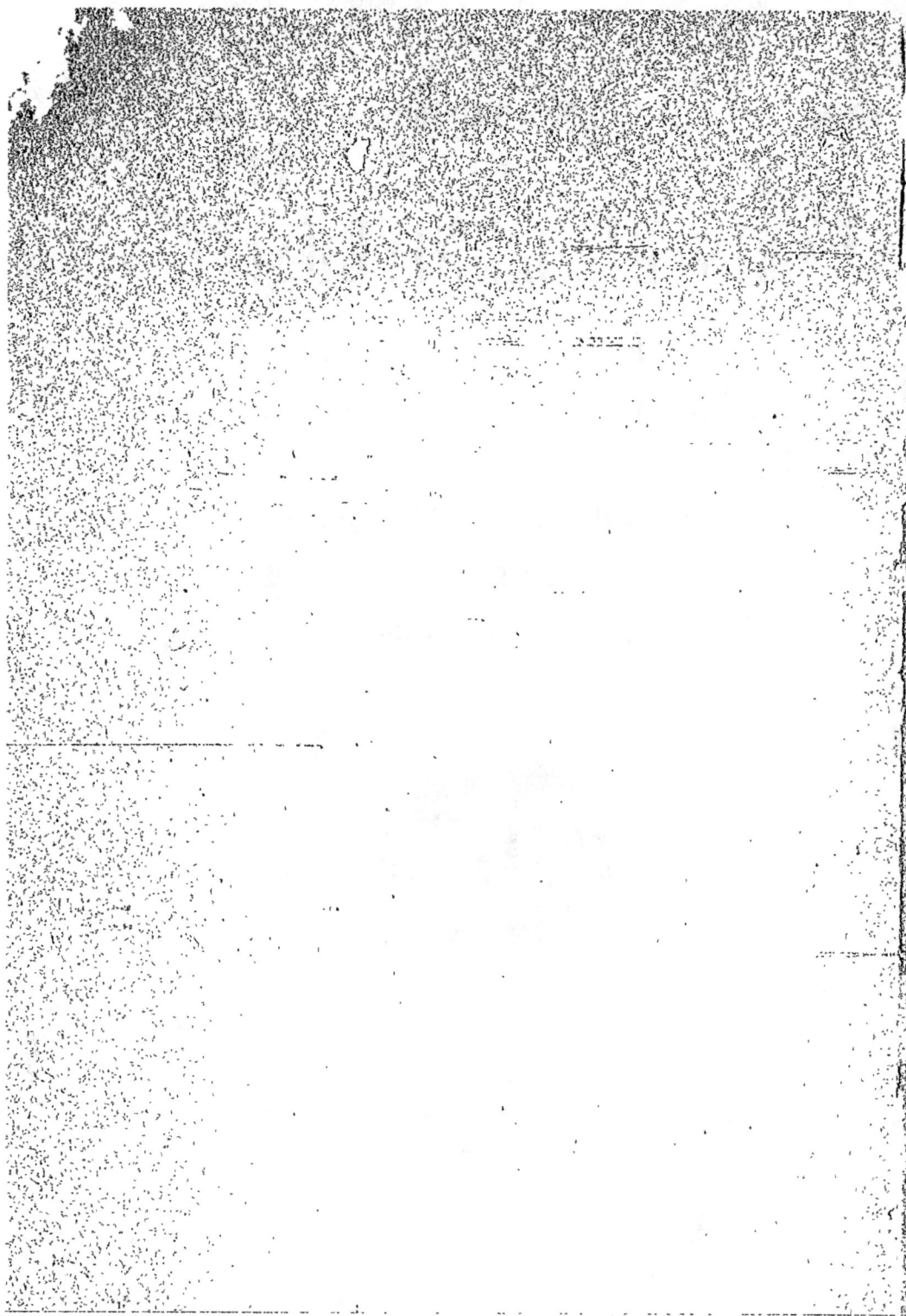

ASSOCIATION

DES

AMIS DE L'UNIVERSITÉ

DE MONTPELLIER

OBSÈQUES DE M. ALFRED BLAVY

PRÉSIDENT

le 27 décembre 1901

DISCOURS DE M. ACHILLE DUNAL

VICE-PRÉSIDENT

MESSIEURS,

L'Association des Amis de l'Université, qui compte à peine un peu plus de dix ans d'existence, est encore une fois de plus frappée à la tête. Déjà, elle a dû payer un légitime tribut de regrets à deux de ses présidents, et celui-là même qui naguère déplorait, avec vous, le grand vide que lui faisait la mort de M. Revilloul, nous est aujourd'hui, lui aussi, subitement ravi.

Combien imprévu et douloureux a été ce nouveau coup, et qui aurait pensé, en voyant Blavy, durant ces derniers jours, se livrer à notre œuvre, dont il avait fait la sienne, et s'occuper avec un soin affectueux des intérêts de ses amis, qu'il allait nous quitter à jamais. A l'Association, aux amis si nombreux de ce montpelliérain, fier du renom et de la gloire de sa ville, cette mort apporte un deuil cruel et pour longtemps irréparable. Ceux qui ont toujours connu Alfred Blavy, et ce n'est pas aux jeunes gens qu'appartient ce privilège, n'ont eu nulle peine à découvrir chez lui de très bonne heure, un ardent désir de se dépenser pour les autres et de mettre au service de tous les trésors d'une infatigable activité. Longtemps retenu par les soins et les obligations d'une profession absorbante dignement exercée, comme elle l'avait été par son père, honorable avoué près notre Cour d'Appel, il ne pouvait consacrer aux créations utiles ou charitables que ses heures de loisir, mais déjà il ne leur épargnait ni soins ni peine.

Dès qu'il fut affranchi de ses devoirs professionnels, il a, sans réserve, employé toutes ses forces aux œuvres de dévouement. Comme tous les enfants de Montpellier, attachés de cœur à leur ville, il a compris que notre vieille Université représentait la plus éclatante de nos gloires locales, et qu'il importait de lui préparer un avenir digne de son passé. Aussi, devint-il l'un des collaborateurs les plus actifs de nos grandes fêtes du Centenaire de 1890. Le merveilleux succès du centenaire impose à tout Montpelliérain une dette de reconnaissance envers les ouvriers de la première heure, dont nous avons pu admirer le courage et l'énergie au milieu des travaux et des difficultés de tout ordre qu'une telle tâche leur imposait.

De ces fêtes, de leur éclat, est née l'association des Amis de l'Université, et si d'autres en ont conçu le projet, Blavy leur apporta aussitôt le concours de son esprit d'organisation et de sa parfaite connaissance des adhésions locales à provoquer et à conserver. Dès les premiers jours, il se mêla si complètement à la vie de cette association qu'elle lui assura une des premières places dans ses conseils.

Une circonstance exceptionnelle lui fournit alors l'occasion, tout en lui imposant le fardeau d'un travail écrasant, d'affirmer la vie et les bienfaits de notre Association. Il a lui-même rappelé, lors des obsèques du regretté M. Revillout, cette création à Montpellier, d'un Institut semblable à l'Institut Pasteur, à l'aide d'une souscription confiée par la Faculté de Médecine aux soins du comité de l'Association et dont le succès fut prodigieux.

Ce qu'il n'a pu dire, mais ce que nous avons vu et admiré, c'est la charge personnelle qu'il s'était réservée, d'établir avec toutes les communes de la région du Midi, des rapports suivis et continus, de centraliser les produits de leur générosité, et d'associer un très grand nombre d'entr'elles à la création de l'Institut, source de bienfaits quotidiens, gloire nouvelle pour notre ville universitaire et pour son antique École de Médecine. Le lieu même où nous sommes témoigne du succès dont une grande part revient à Blavy.

Depuis, les pouvoirs publics par des distinctions honorifiques, l'Association par le choix qu'elle a fait de lui comme vice-président et comme président, ont témoigné leur reconnaissance ; mais c'est dans le bonheur de son excellente mère, que Dieu lui a fait la grâce de conserver longtemps auprès de lui, et dans la satisfaction du devoir accompli, qu'il a trouvé sa meilleure récompense. La pensée du bien immense qui allait naître de ses efforts l'a constamment soutenu. A la joie qu'il éprouvait, en toute occasion, de s'imposer, pour des amis, pour des compatriotes, ennuis, fatigues, sacrifices, on peut juger de l'ardeur chrétienne et charitable que suscitait en lui l'espoir du soulagement de tant de souffrances et de misères.

Soucieux d'imprimer à ce qu'il dirigeait le cachet de sa personnalité, Blavy répugnait à laisser à d'autres le soin d'agir pour lui et, à notre tête, il aurait abondamment encore fait valoir ses hautes qualités de cœur et donné de nouveaux gages de son amour pour sa ville natale. Quelques minutes ont suffi pour nous enlever un guide aussi précieux. Inclinons-nous, Messieurs, avec un esprit de résignation, qui n'exclut pas les vifs regrets, et rendons, en imitant son exemple, un dernier et suprême hommage à sa mémoire.

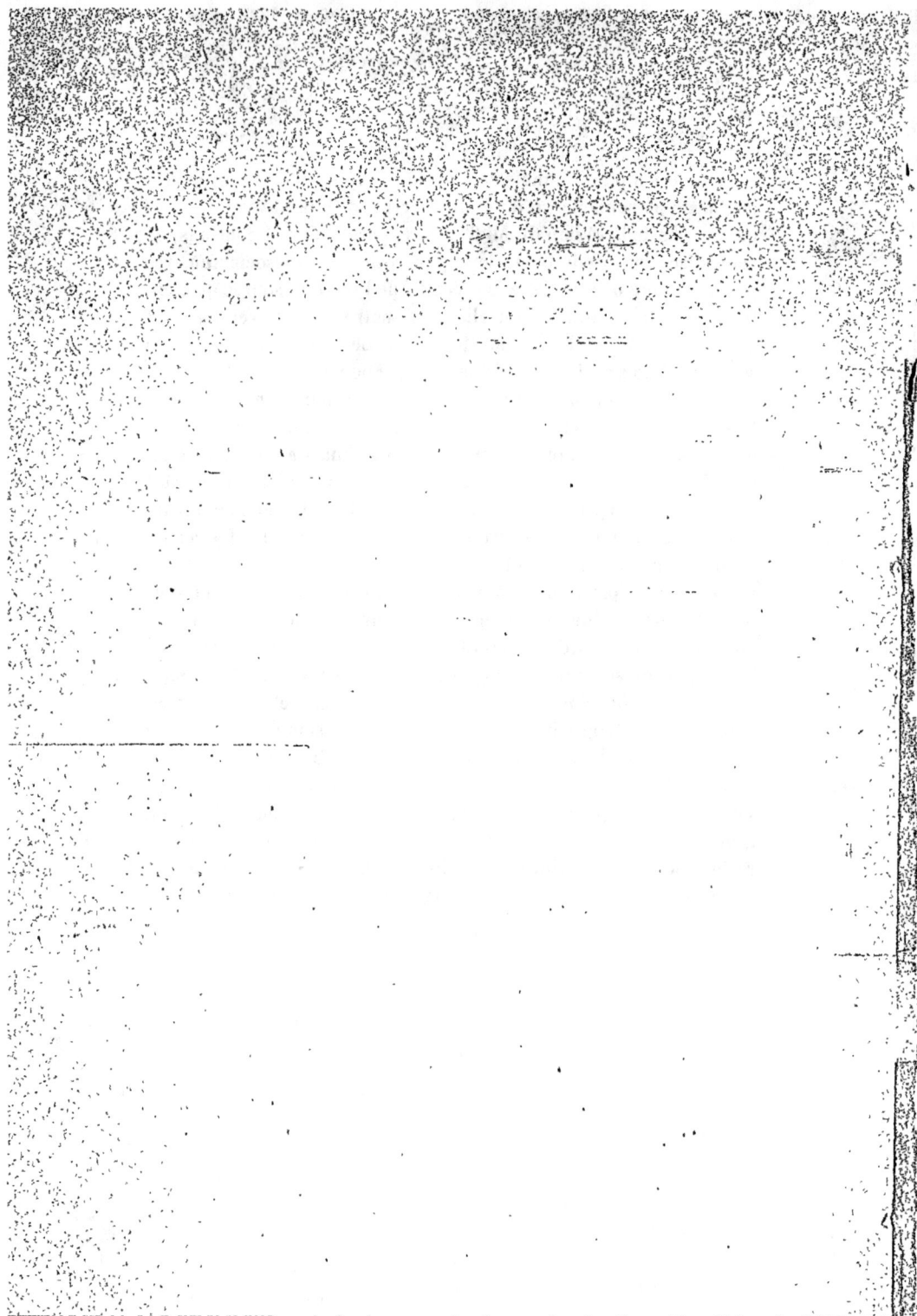

ASSEMBLÉE GÉNÉRALE DU 27 FÉVRIER 1902

Extrait du Procès-verbal

Présidence de M. DUNAL, vice-président

M. Dunal fait l'éloge des deux membres que l'Association a perdus durant le cours de l'année 1901 : M. ALFRED BLAVY, président, et M. HENRI MARÈS, membre du Comité.

Le Secrétaire général donne lecture de son rapport sur la gestion du Comité.

M. le Trésorier rend compte de la situation financière de l'Association.

RAPPORT DE M. JOS. BERTHELÉ

SECRÉTAIRE GÉNÉRAL

MESSIEURS,

Depuis notre assemblée générale du 27 février 1901, notre Association a manifesté sa vitalité, — *à l'extérieur*, par quatre conférences, auxquelles nos adhérents ont assisté nombreux ; — *à l'intérieur*, par quatre réunions du Comité, réunions qui ont presque toujours été suivies immédiatement de saignées à la caisse.

Ces saignées se répartiraient assez naturellement en deux catégories : — d'un côté, les saignées véritablement utiles, — de l'autre, celles qui semblent l'être un peu moins, — et j'avais un instant songé à adopter cette division, pour le rapport que j'ai l'honneur de vous présenter ce soir. Mais j'ai bien vite réfléchi qu'une division de cette nature ne manquerait pas de m'entraîner à apprécier, à discuter, à éplucher, etc. En d'autres termes, je serais carrément sorti de mon rôle de secrétaire général. Aux termes de l'article 8 de nos statuts, je vous dois un *exposé* pur et simple des actes de votre Comité. C'est à vous, Messieurs, à apprécier ces actes.

J'adopterai donc une classification plus réservée, plus impersonnelle, et je distinguerai seulement, — d'une part, les saignées, autrement dit les subventions, passées à l'état *ordinaire ;* d'autre part, les subventions réellement *extraordinaires*.

I

La principale de nos *subventions ordinaires*, — celle qui paraît devoir, dans l'avenir, se renouveler avec la périodicité la plus réguière et la plus prolongée, — c'est celle qui a été votée dans notre dernière assemblée générale, sur la demande de M. le Recteur, en faveur de la *Revue des Universités du Midi*, — revue publiée par la Faculté des Lettres de Bordeaux et à laquelle collaborent de temps à autre quelques professeurs de la Faculté des Lettres de Montpellier (1).

Nous avons été heureux de pouvoir aider cette importante revue bordelaise, mais nous avons été plus heureux encore (nous pouvons bien le dire entre nous) de ne pas voir surgir des demandes analogues en faveur des autres revues, — non moins estimées, — qui s'alimentent elles aussi de l'activité des Universités méridionales.

Aurions-nous pu refuser à Toulouse, pour les *Annales du Midi*, et à Marseille, pour la *Revue historique de Provence*, ce que nous avions accordé à Bordeaux ?

Aurions-nous pu surtout nous montrer moins bienveillants envers la *Revue des langues romanes*, qui est presque un organe officiel pour la Faculté des Lettres de Montpellier et qui — aux yeux des Universités étrangères, — grâce aux efforts persévérants de MM. Max Bonnet, Castets, Chabaneau, Coulet, Grammont, Martinenche, Rigal, Pélissier, Vianey, Anglade, etc., — tient si dignement sa place à côté des recueils similaires de Paris et de Lyon ?

Les revues provinciales, dans lesquelles s'affirme surtout la fécondité universitaire de Montpellier, de Toulouse et d'Aix-Marseille, réussissent à vivre de leurs propres ressources. Nous ne pouvons que *nous* en féliciter.

Notre seconde saignée ordinaire est celle qui nous est pratiquée annuellement, — avec plus ou moins d'intensité — par M. le Doyen de la Faculté de Médecine... aussi bien que par MM. les Doyens des autres Facultés. Je veux parler des sommes que notre Association met régulièrement à la disposition de MM. les Doyens et de MM. les Directeurs des écoles de Pharmacie, d'Agriculture et de Commerce, pour paiements d'inscriptions à des étudiants dignes

---

(1) Procès-verbal ms. de l'Assemblée générale du 27 février 1901.

d'intérêt et méritants, ou bien pour acquisition d'ouvrages à donner en prix aux lauréats.

En ce qui concerne cette seconde subvention annuelle, votre Comité a décidé (1) de simplifier les préparatifs de l'opération. Désormais la réunion du Comité à cet effet ne sera plus nécessaire. Le bureau lui-même n'aura plus à intervenir avec ensemble. Le président répondra, dans la limite des crédits prévus, aux propositions de MM. les Doyens et Directeurs, qui sont les meilleurs juges en la matière ; le trésorier versera, — et les membres du Comité feront ainsi l'économie de déplacements et de délibérations inutiles.

Les secours spéciaux que l'Association accordait de vieille date à l'étudiant en médecine P... et qui constituaient un autre chapitre ordinaire de notre budget de dépenses, semblent avoir été votées en 1901 pour la dernière fois. Cet étudiant vient d'obtenir un poste d'interne à l'asile de la Roche-Gandon (2).

II

Les subventions *extraordinaires* accordées par notre Association depuis le commencement de l'année 1901, ont eu pour bénéficiaires : — 1° l'Association des Étudiants, — 2° deux étudiants en droit, de nationalité française, — 3° deux étudiants en médecine, de nationalité étrangère.

Je vous ai dit, dans mon rapport de l'an dernier (3), les efforts faits par le nouveau bureau de l'Association des Étudiants pour réparer une situation compromise. Votre Comité vous avait proposé de seconder ces efforts par un secours de cinq cents francs. Vous avez approuvé cette proposition dans votre assemblée générale (4),

(1) Séance du Comité du 19 novembre 1901.
(2) Séances du Comité des 2 juillet et 19 novembre 1901.
(3) *Association des Amis de l'Université de Montpellier, assemblée générale du 27 février 1901* (Montpellier, 1901, in-8°), p. 15.
(4) Procès-verbal ms. de l'Assemblée générale du 27 février 1901.

et nous avons lieu de croire que le résultat désiré a été obtenu.

Cependant, comme les précautions sont toujours bonnes à prendre, il a été décidé, — et votre Comité a jugé utile d'insister sur ce point (1), — que toute nouvelle demande de l'Association des Étudiants serait examinée en assemblée générale. Il est visible que nous craignons de nous comporter, sinon en pères de famille trop indulgents, tout au moins en oncles trop généreux.

Nous n'avons pas été trop généreux, certainement, pour les deux étudiants en droit, à chacun desquels nous avons octroyé, — à titre exceptionnel et sans engagement pour l'avenir, — une subvention de 140 francs.

L'un, Gabriel C..., fils d'un instituteur de la Lozère, est des plus dignes d'intérêt (2).

L'autre, Clément T..., a prouvé, par son brillant succès au concours de l'Enregistrement, combien il méritait la sympathie que nous avons témoignée à son père et à lui (3).

Le cas des étudiants en médecine étrangers, dans l'intérêt desquels votre Comité a été mis à contribution, était plus grave que celui des étudiants en droit que je viens de mentionner.

Je vous ai fait connaître, dans mon rapport de l'an dernier (4), que M. le pasteur Molines s'était adressé à nous, en faveur de deux étudiants malgaches et que nous avions prié M. le doyen Mairet de faire une enquête. A la suite de son enquête, M. le doyen Mairet nous a proposé le vote d'une somme de 200 francs, attribuable au plus intéressant des deux jeunes gens recommandés, M. A... Cette somme a été accordée par votre Comité (5) et elle a permis au bénéficiaire de faire face à ses dernières inscriptions et à l'impression de sa thèse.

(1) Séance du Comité du 7 mars 1901.
(2) Séance du Comité du 2 juillet 1901.
(3) Séances du Comité des 2 juillet et 19 novembre 1901.
(4) *Association des Amis de l'Université de Montpellier, assemblée générale du 27 février 1901* (Montpellier, 1901, in-8°), p. 15.
(5) Séance du Comité du 7 mars 1901.

M. A.., qui avait tenu, en bon malgache français, à venir terminer dans notre pays ses études médicales commencées dans une école anglaise, n'est pas un étudiant tout à fait comme les autres. Il est d'ores et déjà père de six enfants. Souhaitons-lui d'arrondir sa fortune en même temps que sa famille, et espérons que, d'ici à un quart de siècle, il enverra à l'Université de Montpellier une bonne douzaine d'étudiants, qui feront honneur à leur père et à leurs maîtres, — et qui n'auront pas besoin de l'assistance de notre Association.

L'autre étudiant étranger dont s'est occupé votre comité, nous a été recommandé par M. le Recteur. C'est un bulgare, Ivan I..., qui n'avait plus à passer, pour avoir terminé des études de médecine, que son second cinquième examen de doctorat et sa thèse, et qui (au témoignage de M. le doyen Mairet) avait obtenu des notes satisfaisantes dans ses précédents examens.

Ce pauvre bulgare se trouvait depuis quelque temps, par suite de malheurs de famille, dans une situation très difficile. Obligé de retourner à Sofia, — où il espérait d'ailleurs se procurer les fonds nécessaires à l'achèvement de sa scolarité et à la liquidation de quelques dettes, récentes sans doute, mais criardes quand même, — il nous demandait pour son rapatriement, une *avance* de 200 francs. Votre Comité a décidé (1) qu'un crédit lui serait ouvert — à titre de *prêt* et à titre exceptionnel — jusqu'à concurrence de cette somme, sauf réduction, si le Comité de patronage des Étudiants étrangers pouvait intervenir de son côté.

Le Comité de patronage des Étudiants étrangers étant intervenu *complètement*, M. Ivan I... n'a pas eu besoin de l'avance qu'il avait sollicitée de nous (2). Notre générosité est restée platonique : — cela a été une variante dans nos habitudes.

Telles sont, Messieurs, les diverses opérations financières, auxquelles s'est livré votre Comité depuis notre dernière assemblée

---

(1) Séance du Comité du 4 janvier 1902.
(2) Procès-verbal ms. de l'Assemblée générale du 27 février 1902.

générale. Notre Trésorier les a toutes impitoyablement enregistrées dans la colonne *dépenses*. Il me semble que nous pourrions tout aussi bien les réunir sous la rubrique *bonnes actions*.

III

Votre Comité s'est également occupé, dans ses diverses séances, de l'organisation des conférences qui vous ont été offertes aux mois de mars, d'avril, de mai et de décembre.

Ces quatre conférences ont été très suivies, et je serai votre interprète en remerciant chaudement MM. les professeurs Ponge, Crova, Pélissier et Castels d'avoir bien voulu mettre leur talent au service de notre œuvre.

M. Ponge nous a fait connaître les appareils récemment inventés qui permettent d'enregistrer par la photographie les phénomènes phonétiques et qui rendent ainsi la parole réellement visible (1).

M. Crova nous a expliqué cette importante, curieuse et rare machine à liquéfier l'air, dont le laboratoire de physique de notre Université a eu la bonne fortune récemment de pouvoir s'enrichir (2).

M. Pélissier, — avec une verve aussi littéraire que méridionale et avec un piquant mélange de curiosité rétrospective et de préoccupations fin de siècle, — nous a raconté le voyage qu'il a fait à Cracovie, en juin 1900, à l'occasion des fêtes du cinquième centenaire de l'Université de cette ville (3)

Vous vous rappelez, Messieurs, que c'est à la bienveillante initia-

---

(1) Voir dans le journal *l'Éclair*, n° du 18 mars 1901, un compte rendu détaillé de la conférence de M. Ponge ; cf. *le Petit Méridional*, n° du même jour.

(2) Cf. *l'Éclair*, n° du 3 mai 1901, et *le Petit Méridional*, n° du 4 du même mois.

(3) Cf. dans *la Vie Montpelliéraine*, n° du 2 juin 1901, p. 2, un article sur la conférence de M. Pélissier.

tive de M. le Recteur (1) que nous avons dû les conférences de
MM. Pongé, Crova et Pélissier.

Votre Comité s'est à plusieurs reprises préoccupé d'une nouvelle
série de conférences pour l'hiver 1901-1902, et il s'est adressé tout
d'abord (2) à un des amis de la première heure, à celui qui, le
4 mai 1891, — avec un éclat que je n'ai pas besoin de vous rappeler,
— avait présenté officiellement pour la première fois, au public
montpelliérain, l'Association nouvellement constituée des Amis de
l'Université (3).

M. le doyen Castets nous a entretenus du Canada et des chansons
populaires, d'origine française, qui y sont encore en vogue, —
chansons qui se retrouvent dans les diverses provinces, d'où les
colons du Canada tiraient leur origine (Saintonge, Aunis, Poitou,
Bretagne, Anjou, Perche et Normandie) (4).

La conférence de M. Castets devait être suivie de deux autres,
consacrées l'une à une question d'histoire locale (5), l'autre à une
importante exploration ethnographique. En raison de la mort de
notre excellent président M. Blavy, ces deux conférences ont été
ajournées.

IV

Les diverses soirées scientifiques ou littéraires, que je viens de
rappeler, ont été très goûtées de nos adhérents. Le privilège de
l'entrée à la bibliothèque universitaire, que nous a concédé M. le
recteur Benoist en janvier 1901 (6), n'a pas été moins apprécié.

(1) Procès-verbal ms. de l'Assemblée générale du 27 février 1901.
(2) Séances du Comité des 2 juillet et 19 novembre 1901.
(3) *Association des Amis de l'Université de Montpellier. Conférence de M. le
doyen Castets, Discours de M. le Président et de M. le Recteur. Statuts. Liste
des membres du Comité d'honneur, du Comité et de l'Association* (Montpellier,
1891, in-8°), p. 3.
(4) Cf. *la Vie Montpelliéraine*, n° du 29 décembre 1901, p. 5 ; — etc.
(5) Séance du Comité du 19 novembre 1901.
(6) Procès-verbal ms. de la séance du Comité du 21 janvier 1901. — Cf. le

— 13 —

Les invitations, qui nous ont été adressées à l'occasion de la rentrée solennelle des Facultés et du Centenaire de Victor Hugo, et la distribution qui nous a été faite du fascicule contenant les discours prononcés lors de la dernière rentrée des Facultés, ont été également accueillies avec plaisir. — Et tous ces avantages se sont résumés, pour nous, en une augmentation sérieuse du nombre de nos associés.

Depuis notre dernière assemblée générale, seize membres nouveaux se sont fait inscrire sur notre liste (1). Ce sont :

Mlle Eva ABRAMOVITCH, docteur en médecine.

MM.

Georges BENCKER, industriel.

L'abbé P. BOSSARD, associé correspondant de la Société nationale des Antiquaires de France.

Émile BRUSSON, directeur honoraire des postes et télégraphes.

Étienne CARDAIRE, docteur en droit.

Étienne DUNAL, docteur en médecine.

Ulysse GALLAIS, notaire à Quissac (Gard).

Ferdinand GIDON, docteur en médecine.

Paul GODIN, médecin-major au 142ᵉ d'infanterie, à Lodève.

GUÉRIN-VALMALE, docteur en médecine.

HAOUR, avocat à la Cour d'appel.

Docteur Henri PELON, médecin des eaux de Luchon.

Charles ROUSSEL, proviseur honoraire.

Gustave SARDI, propriétaire.

Georges SLIZEWICZ, agent d'assurances.

Léon VIVIEN, docteur en médecine.

Je suis heureux de souhaiter la bienvenue à ces nouveaux

---

fascicule *Association des Amis de l'Université de Montpellier, assemblée générale du 27 février 1901*, pp. 11 et 13.

(1) Séance du Comité du 4 janvier 1902 ; — Cf. séance du Comité du 10 mars 1902.

adhérents, et je désire, dans l'intérêt de notre œuvre, qu'ils aient
de nombreux imitateurs.

A propos de propagande en faveur de notre œuvre, permettez-moi,
au risque d'être indiscret, — mais cette indiscrétion a son excuse,
car elle est un témoignage de gratitude, — permettez-moi de vous
signaler une petite découverte *bibliographique,* que j'ai faite ces
jours derniers.

Grâce à une pièce, que le hasard et mes fonctions de secrétaire
général m'ont mise entre les mains pendant quelques instants, j'ai
acquis la certitude que, dans un coin mystérieux des bureaux de
l'Académie de Montpellier (j'entends l'Académie universitaire, celle
du Jardin des Plantes), il existe tout un stock de lettres-réponses
autographiées, — qui n'ont plus à recevoir que la signature de
l'expéditeur et le nom du destinataire, — par lesquelles M. le Recteur
renvoie d'office à notre association toutes les demandes d'admission
à la Bibliothèque universitaire, qui lui sont adressées par des
personnes ne faisant point partie de l'Université.

Nous avons tout intérêt, Messieurs, à ne pas laisser jaunir ces
petits papiers dans les cartons de M. le Recteur et je ne doute pas
que vous ne contribuiez tous à épuiser rapidement « les exemplaires
existant en magasin », et à provoquer une seconde édition, encore
plus éloquente que la première.

V

Si dans le courant de l'exercice 1901, notre Association a vu
s'accroître d'une façon notable le nombre de ses membres, en
revanche elle a eu la grande douleur de voir disparaître, — subitement emporté dans toute la vigueur de l'âge (1), — l'un des plus
dévoués et des plus vaillants de ses fondateurs et de ses adminis-
trateurs, — le plus ardent de tous peut-être, — M. Alfred BLAVY.

_____

(1) Dans la nuit du 24 au 25 décembre 1901.

Membre tout d'abord de cette généreuse « commission d'initiative », qui a organisé notre association (et qui n'est plus représentée aujourd'hui parmi nous que par M. Frédéric Fabrège) (1) ; — secrétaire général, du 23 mars 1891 au 13 novembre 1895 ; — vice-président, du 13 novembre 1895 au 19 janvier 1900 ; — président, depuis le 19 janvier 1900, — M. Blavy a été, pendant dix ans, le digne collaborateur ou continuateur des toujours regrettés Achille Kühnholtz-Lordat et Charles Revilloul. Pendant dix ans, notre œuvre a été sa préoccupation constante. Pendant dix ans, comme le disait si exactement M. Fernand Autié, il « s'est dépensé de mille manières et dans mille circonstances pour la prospérité de notre association » (2).

Tous nous nous sommes unis de cœur aux paroles émues, que notre vice-président M. Dunal a prononcées devant son cercueil (3).

M. Blavy a reçu le dernier adieu de notre association et de l'association des Étudiants, sous le hall de l'Institut de Biologie (4). L'Université de Montpellier s'est trouvée ainsi manifester sa reconnaissance à celui dont l'infatigable activité avait si puissamment contribué à doter notre Languedoc d'un Institut Pasteur (5).

Notre association a également perdu dans le courant de l'année 1901 un des plus éminents de ses membres fondateurs, — M. Henri MARÈS, — correspondant de l'Institut, chevalier de la Légion d'honneur, secrétaire perpétuel de la Société centrale d'Agriculture

---

(1) Registre des procès-verbaux de l'Association, séance du 20 mars 1891.

(2) *Association des Amis de l'Université de Montpellier, assemblées générales des 17 février 1899 et 28 février 1900* (Montpellier, 1900, in-8°), p. 19.

(3) Cf. la *Vie Montpelliéraine*, n° du 5 janvier 1902, p. 7, et le présent fascicule, pp. 3 à 5.

(4) Cf. le compte rendu des obsèques de M. Alfred Blavy, dans le *Petit Méridional*, n° du 28 décembre 1901.

(5) Cf. *Association des Amis de l'Université de Montpellier, assemblée générale du 28 février 1896* (Montpellier, 1896, in-8°), pp. 5 et 15 ; — *Association des Amis de l'Université, assemblées générales des 17 février 1899 et 28 février 1900*, pp. 8 et 22-23 ; — le présent fascicule, pp. 4-5 ; etc.

de l'Hérault, auteur de nombreux et importants travaux de chimie viticole, etc. (1).

Le décès de M. Marès ayant laissé une place vacante dans notre Comité, M. GÉRALD KÜHNHOLTZ-LORDAT, fils de notre ancien président et petit-fils du si distingué bibliothécaire de la Faculté de Médecine, a été élu par acclamation (2). Ce choix sera certainement approuvé de vous tous, Messieurs. Vous savez mieux que moi que, dans la famille Kühnholtz-Lordat, le dévouement à l'Université de Montpellier est, pour ainsi dire, une vertu héréditaire.

(1) Cf. sur M. Henri Marès, un article de Louis Guiraud, dans le journal *l'Appel au Peuple du Midi*, n° du 12 mai 1901 ; — le *Progrès Agricole et Viticole*, n° du 19 mai 1901, p. 609 (avec portrait).; — et surtout la notice de M. Coste-Floret, intitulée : *l'Œuvre agricole d'Henri Marès*, dans le *Bulletin de la Société centrale d'Agriculture... de l'Hérault*, 88e année, 1901, pp. 97 à 133, avec une planche hors texte (portrait).

(2) Séance du Comité du 19 novembre 1901.

RAPPORT DE M. MEYNIER DE SALINELLES

TRÉSORIER

MESSIEURS,

Nous avions eu à déplorer, durant l'année 1900, la perte d'un certain nombre de membres, perte qui n'avait pas été compensée par de nouvelles adhésions.

Pour l'exercice 1901, au contraire, la générosité de M. le Recteur, accordant à tous nos membres l'entrée gratuite à la Bibliothèque de l'Université, nous a permis de combler largement les vides. Nos recettes s'en ressentiront heureusement et nous devrons nous féliciter de ce résultat qui n'avait pas été obtenu depuis de longues années.

Quant aux dépenses, nous espérons qu'elles diminueront au contraire, malgré la création de deux nouveaux chapitres : je veux parler de l'allocation à l'Association générale des Étudiants et l'allocation pour publications, prêts et secours.

Le premier de ces chapitres disparaîtra, je l'espère, cette année, car nous avons tout lieu de supposer que l'Association générale des Étudiants n'aura plus à faire appel à la générosité de notre caisse.

Le second, allocation pour publications, prêts et secours, qui est né de la nouvelle interprétation que le Comité des Amis de l'Université a donnée à nos statuts, recevra certainement l'approbation de l'assemblée générale, qui verra, dans le fait de subvenir à certaines nécessités impérieuses, la preuve de notre désir de prêter de plus en plus notre modeste concours à la grande Université de Montpellier.

Notre situation financière, vous le voyez par l'examen du bilan, reste, malgré les dépenses extraordinaires de cet exercice, aussi satisfaisante que possible.

Recettes et dépenses de l'année 1901

RECETTES		DÉPENSES	
Fr.		Fr.	
4 083 »	Encaisse au 31 décembre 1900.	671 10	Allocations pour prix, bourses d'études, frais d'inscriptions et d'examens.
1,630 »	Cotisations de 163 membres adhérents.	329 99	Frais d'administration, appariteur, fournitures de bureau, recouvrements par la poste, conférences.
467 24	Intérêts et arrérages de rente.	500 »	Allocation à l'Association générale des Étudiants.
		400 20	Allocations pour publications, prêts et secours
		10 »	Port du drap d'honneur.
		1.911 29	
		4.268 95	Reste en caisse au 31 décembre 1901.
6.180 24		6.180 24	

La Société possède à ce jour :

227 francs de rente 3 0|0 qui représentent, au cours du 31 décembre 1901 (100,10). 7.574 23

210 francs de rente 3 0|0 amortissable, au cours du 31 décembre 1901 . . . . 7.007 »

Total, en capital non disponible . . . 14.581 23

ASSOCIATION

DES

AMIS DE L'UNIVERSITÉ DE MONTPELLIER

COMITÉ D'HONNEUR

Présidents :

M. Le Maire de Montpellier.
M. Le Recteur de l'Académie.

Membres :

MM. Le Général Commandant le XVIe Corps d'armée ;
    Le Premier Président ;
    Le Préfet de l'Hérault ;
    L'Évêque de Montpellier ;
    Le Président du Consistoire ;
    Le Procureur Général ;
    Le Président du Tribunal civil ;
    Le Procureur de la République ;
    Le Trésorier-Payeur Général ;
    Le Président du Conseil Général ;
    Les Sénateurs et les Députés de l'Hérault, de l'Aude, du Gard, de la Lozère et des Pyrénées Orientales (ressort académique) ;
    Le Président du Tribunal de Commerce ;
    Le Président de la Chambre de Commerce ;
    Le Président du Conseil d'Arrondissement.

COMITÉ

BUREAU

MM. DUNAL (Achille), *Président*.
DE SAPORTA (comte Antoine), *Vice-Président*.
BERTHELÉ (Jos.), *Secrétaire Général*.
BONNET (Émile), *Secrétaire*.
KUHNHOLTZ LORDAT (Gérald), *Secrétaire*.
MEYNIER DE SALINELLES, *Trésorier*.

Membres de droit:

MM. VIGIÉ, Doyen de la Faculté de Droit.
MAIRET, Doyen de la Faculté de Médecine.
SABATIER, Doyen de la Faculté des Sciences.
CASTETS, Doyen de la Faculté des Lettres,
MASSOL, Directeur de l'École supérieure de Pharmacie.
FERROUILLAT, Directeur de l'École nationale d'Agriculture.
QUESNEL, Directeur de l'École nationale de Commerce.
Le Président de l'Association Générale des Étudiants.

Membres élus :

MM. AUTIÉ.
CAZALIS DE FONDOUCE.
CHARMONT.
COURTHIAL.
CRASSOUS.
FABRÈGE (Frédéric)

MM. FAULQUIER (Rodolphe).
GALZIN.
GERVAIS (Alfred).
DOCTEUR GRASSET.
LEENHARDT (Jules).
Docteur PEZET.

MEMBRES FONDATEURS DE L'ASSOCIATION

MM.

ADHÉMAR (Vicomte D'), Rentier, Grand'Rue, 25.

BAZILLE (Gaston), ancien sénateur, ✳ O., décédé.

BAZILLE (Marc), Banquier, Grand'Rue, 21.

BLAVY, Avocat, ✿ I. P., décédé.

BORT (Gabriel), Notaire, rue Richelieu, 1.

BOUISSON-BERTRAND (Mme veuve), décédée.

CASTAN, Doyen de la Faculté de Médecine, ✳, décédé.

CAUVET, ✳, Président de Chambre honoraire à la Cour d'appel, décédé.

CAZALIS DE FONDOUCE, Ingénieur civil, ✦ I. P., rue des Étuves, 18.

CHABERT (Alfred), Rentier, décédé.

Conseil Général de l'Hérault (Le).

COURTHIAL (Siméon), ✳, Négociant, rue Henri Guinier, 5.

CRASSOUS, Ingénieur, Directeur adjoint des Salins du Midi, r. Rondelet, 7.

DROUTSKOY-LUBETSKY (Prince), Écuyer de Sa Majesté l'Empereur de Russie, Docteur en Droit, C. ✳, r. St-Lazare, 193, Paris.

ESPOUS (Comte Auguste D'), Rentier, décédé.

FABRÈGE (Frédéric), Avocat, homme de lettres, Grand'Rue, 33.

FAULQUIER (Rodolphe), Manufacturier, rue Boussairolles, 6.

GÉRARD, ancien Recteur de l'Université de Montpellier, ✳, ✿ I. P., décédé.

GIDE, ancien professeur à la Faculté de droit de Montpellier, ✿, I. P.

GRASSET, Professeur à la Faculté de Médecine, ✳, ✿ I. P., rue Jean-Jacques-Rousseau.

GRASSET (Madame).

JAUMES, ancien professeur à la Faculté de Médecine, ✿ A., rue Ste-Croix, 5.

JAUMES (Madame), décédée.

MM.

KÜHNHOLTZ-LORDAT (Achille), de la Société des gens de lettres, décédé.

LEENHARDT (Charles), ancien Président de la Chambre de Commerce, ✳,
    décédé.

LEENHARDT (Ernest), ancien Président du Tribunal de Commerce, ✳,
    décédé.

MARÈS (Henri), Correspondant de l'Institut, ✳, décédé.

POMIER-LAYRARGUES, Ingénieur, décédé.

DE ROUVILLE, Doyen de la Faculté des Sciences, ✳, ⬭ I. P., Cité
    Industrielle, 69.

SIMON, Ingénieur, ✳, décédé.

TEMPIÉ (Léon), Propriétaire, ✳, ⬭ A, décédé.

TISSIÉ (Alphonse), ✳, rue du Petit St-Jean, 2.

La Ville de Béziers.

La Ville de Carcassonne.

La Ville de Montpellier.

La Ville de Pézenas.

LISTE GÉNÉRALE

DES

MEMBRES DE L'ASSOCIATION

au 1ᵉʳ avril 1902

Mlle ABRAMOVITCH (Éva), docteur en médecine, rue Plan-du-Parc, 3.

MM.

ADHÉMAR (Vicomte D'), Rentier, Grand'Rue, 25. — F.

ASSELINEAU, Propriétaire, Béziers.

ASTRE, Professeur-Agrégé à l'École supérieure de Pharmacie, () I. P., rue Jean, châlet Gustave (faubourg St-Jaumes).

AURIOL (Charles), place de la Canourgue, 5.

AUTIÉ, Professeur au Lycée et à l'École des Beaux-Arts, () I. P., boulevard Louis-Blanc, 33

BARDE (Louis), Professeur à la Faculté de Droit, rue des Grenadiers, 22.

BAZILLE (André), Banquier, villa Kervon.

BAZILLE (Marc), Banquier, Grand'Rue, 21. — F.

BENABENQ (Henri), boulevard Jeu-de-Paume, 33.

BENCKER (Georges), Industriel, rue de l'Observance, 5.

BENOIST (Antoine), Recteur de l'Université de Montpellier, ✳, () I. P., Jardin des Plantes.

BERTHELÉ (Joseph), Archiviste du département de l'Hérault, () I. P., impasse Pagès, 11 (avenue de Lodève).

BERTIN-SANS, Professeur à la Faculté de Médecine, ✳, () I. P., rue de la Merci, 5 bis.

N. B.— La lettre F indique les membres fondateurs.

MM.

BERTIN (Henri), Agrégé à la Faculté de Médecine, o I. P., rue de la Merci, 3.

BÉSINÉ (Charles), Architecte, faubourg Saint-Jaumes, 11.

BÉZIERS (La Ville de). — F.

BICHON (Marcel), Sous-Directeur de l'École supérieure de Commerce, rue Aiguillerie, 33.

BLOUQUIER (Ernest), place Louis XVI, 4.

BOISRAYON, Directeur du Crédit Lyonnais, rue Duval-Jouve.

BONNET (Émile), Avocat, Docteur en droit, Q A., rue de la Valfère, 8.

BONNET (Max), Professeur à la Faculté des Lettres, Q I. P., correspondant de l'Institut, Enclos Laffoux, villa Marie.

BORÉLY (De), Notaire, rue Aiguillerie, 9.

BORT (Gabriel), Notaire, rue de la République, 8. — F.

BOSSARD (l'abbé P.), associé-correspondant des Antiquaires de France, rue Nationale, 19, Montpellier, et rue du Ranelagh, 74, Paris.

BRÉMOND, Professeur à la Faculté de Droit, Q I. P., villa des Fleurs.

BROCARD, Conseiller à la Cour, rue Jeu-de-Paume, 10.

BROUSSE, Professeur agrégé à la Faculté de Médecine, rue Saint-Guilhem, 16.

BRUNEL (Mme), rue Clos-René, 16.

BRUSSON (Émile), ✳ Directeur honoraire des Postes et Télégraphes, rue Nationale, 20.

BURNAND, Banquier, boulevard Ledru-Rollin, 2-4.

CABRIÈRES (Mgr de Rovérié de), Évêque de Montpellier, à l'Évêché.

CAMBON (l'Abbé Pierre), curé de Lieuran-lès-Béziers.

CARCASSONNE (La Ville de). — F.

CARDAIRE (Étienne), Docteur en droit, rue Massane, 6.

CASTELNAU (Edmond), Propriétaire, rue Marceau, 8.

CASTELNAU (Georges), Rentier, rue Salle-l'Évêque, 12.

CASTELNAU (Maurice), Banquier, boulevard Ledru-Rollin, 4.

CASTETS, Doyen de la Faculté des Lettres, ancien Maire de Montpellier, ✳, Q I. P., rue du Carré-du-Roi.

CATALAN, Négociant, rue de la République, 2.

CAZALIS DE FONDOUCE, Ingénieur civil, Q I. P., rue des Étuves, 18. —F.

MM.

CAZALIS (Dr Frédéric), ancien Directeur du *Messager agricole*, ✳, rue du Courreau, 28.

CHABANEAU, Professeur honoraire à la Faculté des Lettres, ✳, ✪ I. P., correspondant de l'Institut, chemin de Nazareth, Villa Pauline.

CHALLANDES, Directeur de la Croix-Rouge, boulevard Jeu-de-Paume, 27.

CHAMAYOU, Avocat, Docteur en Droit, rue du Petit-Saint-Jean, 2.

CHANFREAU, Papetier, rue de la Loge, 3.

CHARMONT, Professeur à la Faculté de Droit, ✪ I. P., chemin de Nazareth, villa Chambéry.

CHAULIAC (Célestin), Négociant, cours Gambetta, 5.

CHAUSSE, Professeur à la Faculté de Droit, ✪ I. P., rue Clos-René, 1.

Conseil Général de l'Hérault (Le). — F.

COQUINET (Léon), Juge au Tribunal de Commerce, rue Pitot, 18.

COSTE, Notaire, rue du Palais, 17.

COULET (Camille), Libraire-Éditeur, ✪ I. P., officier du Mérite agricole, Grand'Rue, 5.

COURCHET, Professeur à l'École supérieure de Pharmacie, ✪ I. P., rue Barralerie, 6.

COURTHIAL (Siméon), ✳, Négociant, chemin de Saint-Martin-de-Prunet. — F.

COUSIN (Élie), ancien Député de l'Hérault, rue de Strasbourg.

CRASSOUS, Directeur-Adjoint des Salins du Midi, rue Rondelet, 7. — F.

CROISET, Professeur au Collège de France, ✳, ✪ I. P., rue Saint-Louis, 27, à Versailles.

CROVA, Professeur à la Faculté des Sciences, ✳, ✪ I. P., Correspondant de l'Institut, rue du Carré-du-Roi, 14.

DAURIAC (Lionel), ✪ I. P., ancien Professeur à la Faculté des Lettres de Montpellier, rue du Val-de-Grâce, 6, Paris.

DAUTHEVILLE, Professeur à la Faculté des Sciences, ✪ I. P., cours Gambetta, 27 *bis*.

DÉANDREIS, Sénateur de l'Hérault, rue de la République, à Montpellier, et rue Michelet, 5, à Paris.

DELPORTE, Opticien, Grand'Rue, 25.

DERVIEUX, Négociant, au Riotord, par l'Isle-sur-Sorgues (Vaucluse).

MM.

DEVIC (Auguste), Architecte du Gouvernement, ✪ A., rue des Étuves, 7.
DROUTSKOY-LUBESTKY (prince), Écuyer de Sa Majesté l'Empereur de Russie, Docteur en droit, C. ✳, rue St-Lazare, 193, Paris. — F.
DUCROS (Ernest), Négociant, rue de la Loge, 10.
DUNAL (Achille), Avocat, ancien Bâtonnier de l'Ordre, rue Aiguillerie, 29.
DUNAL (Étienne), docteur-médecin, rue de la Loge, 4.
DURAND, Professeur à l'École d'Agriculture, ✳, r. du Cheval-Blanc, 6.
DURAND (Élie), rue Salle-l'Évêque, 2.
DURAND-KELLER, Négociant, rue de la Loge, 18.

Éclair (L'), le Directeur du Journal, rue Levat, 2 *bis*.
ESTOR, Professeur à la Faculté de Médecine, plan du Palais, 6.

FABRÈGE (Frédéric), Avocat, homme de Lettres, Grand'Rue, 33, — F
FABRY, Professeur à la Faculté des Sciences, ✪ I. P., faubourg Boutonnet, 93.
FAULQUIER (Rodolphe), Manufacturier, rue Boussairolles, 6. — F.
FÉCAMP, Bibliothécaire de l'Université, ✳, ✪ I. P., rue Pitot, 44.
FERROUILLAT, directeur de l'École d'Agriculture, à l'École d'Agriculture.
FIRMIN et MONTANE, Imprimeurs, rue Ferdinand Fabre et quai du Verdanson.
FLAHAULT, Professeur à la Faculté des Sciences, ✳, ✪ I. P., Institut de botanique.
FOURESTIER, Négociant, avenue de Toulouse, 35.
FRAT, Docteur en Médecine, rue Maguelone, 23.

GACHON, Professeur à la Faculté des Lettres, ✪ I, P., boulevard Ledru-Rollin, enclos Tissié-Sarrus.
GALAVIEILLE, Agrégé à la Faculté de Médecine, rue Maguelone, 23.
GALLAIS (Ulysse), notaire à Quissac (Gard).
GALTIER (Alexandre), ancien Juge au Tribunal de Commerce, rue Enclos-Fermaud.
GALZIN, ✳, ancien Directeur de l'École Normale, faubourg Boutonnet, 44.
GAREIL (Abbé), rue de la Gendarmerie, 14.
GARIEL, Directeur du *Petit Méridional*, avenue de Toulouse, 34.

MM.

GAY (Albert), Avoué, au Vigan.

GÉRARD, Professeur à l'École de Droit d'Alger.

GERVAIS (Alfred), Administrateur de la Compagnie des Salins du Midi, rue des Étuves, 2.

GIDE, ancien professeur à la Faculté de Droit de Montpellier, ☉ I. P. — F.

GIDON (Dr Ferdinand), villa Thérèse, avenue Chancel, Montpellier, et rue Saint-Pierre, 118, Caen (Calvados).

GILIS, Docteur en Médecine, boulevard Amiral-Courbet, Nîmes.

GLAIZE (Antonin), Prof à la Faculté de Droit, ☉ I. P., rue Joubert, 1.

GODIN (Dr Paul), médecin-major au 142e d'infanterie, Lodève.

GRANEL, Directeur du Jardin des Plantes, ☉ I. P., rue du Collège, 14.

GRASSET, Professeur à la Faculté de Médecine, ✳, ☉ I. P., rue J.-J. Rousseau, 6. — F.

GRASSET (Mme), rue J.-J. Rousseau, 6. — F.

GUÉRIN-VALMALE, docteur en médecine, rue Baudin, 5.

GUIBAL, Avocat, Docteur en Droit, rue Fournarié, 6.

GUIBAL (Raymond), Docteur en Médecine, rue du Petit-Saint-Jean, 7.

GUIRAUD (Alfred), juge-suppléant au Tribunal civil, Carcassonne.

GUIRAUDOU, rue Embouque-d'or, 7.

GUIZARD, Avoué à la Cour, rue Nationale, 20.

GUY, ancien Président-fondateur de l'Association Générale des Etudiants de Montpellier, Docteur en Médecine, ☉ A., Béziers.

HAMELIN, Prof à la Faculté de Médecine, ✳, ☉ I. P., r. de la République, 7.

HAOUR (Marcien-Emmanuel), avocat à la Cour d'appel, rue de l'Université, 9.

HÉRAIL (Edmond), Conseiller à la Cour, rue du Trésorier-de-la-Bourse, 4.

HORTOLÈS, Docteur, rue du Trésorier-de-la-Bourse, 15.

ICARD, Principal honoraire du Collège de Pézénas.

IMBERT, Professeur à la Faculté de Médecine, rue du Petit-St Jean, 2.

ITIER, Avocat, Conseiller général, ☉ A, château de Véras, par Vaine, (Hautes-Alpes).

JACQUEMET, Docteur en Médecine, Grand'Rue, 51.

MM.

JADIN, Professeur à l'Ecole de Pharmacie, rue Baumes, 2.

JAUMES, Prof à la Faculté de Médecine, ✪ I. P., r. Ste-Croix, 5. — F.

JEANNEL, Docteur en Médecine, rue Delpech, 1.

KRUGER, Architecte de la Ville, ✪ I. P., rue de la République, 22.

KÜHNHOLTZ-LORDAT (Gérald), rue du Puits-du-Temple, 6.

LABORDE, Professeur à la Faculté de Droit, rue Vieille-Intendance, 11.

LACVIVIER (de), ✪ I. P., Proviseur honoraire, Foix (Ariège).

LAISSAC, Président du Conseil général de l'Hérault, ancien maire de Montpellier, ✳ O., boulevard de l'Observatoire, 9.

LAMBERT (Ed.) Ingénieur, rue des Trésoriers-de-France, 5.

LAURANS, Juge de Paix, rue Aiguillerie, 37.

LICHTENSTEIN (Henri), rue Jeu-de-Paume, 15.

LÉCUYER (Alfred), rue Pila-Saint-Gély, 77.

LEENHARDT (Jules), rue Clos-René.

LEENHARDT (Max), place de la Croix-de-Fer.

LEENHARDT (Pierre), rue Marceau, 15.

MAIRET, Doyen de la Faculté de Médecine, ✳, ✪ I. P., av. du Stand, 14.

MALAVIALLE, Professeur à la Faculté des Lettres, Conseiller général de l'Aude, ✪ I. P., boulevard Henri IV.

MARÈS (Étienne), rue Auguste-Comte, 2.

MARGOUIRÈS, Architecte, rue de l'Université, 21.

MARTIN, Orfèvre, rue de la Loge, 20.

MAS, Professeur au Lycée, ✪ I. P., rue du Lez.

MASSOL, Directeur de l'École supérieure de Pharmacie, ✪ I. P., avenue des Arceaux, villa Germaine.

MÉDARD, rue Castilhon.

MÉNARD (Joseph), Docteur, Médecin consultant à Lamalou-les-Bains (Hérault).

MENDELSSOHN (J.), Chirurgien-Dentiste, boulevard Victor Hugo, 18.

MESSINE (Hippolyte), Vice-Président de la Chambre de Commerce, ✳, avenue de Toulouse, 52.

MEUTON, confiseur, rue de la Loge, 19.

MM.

MEYNIAL, Professeur à la Faculté de Droit, I. P., rue Trésorier-de-la-Bourse, 4.

MEYNIER DE SALINELLES, boulevard Jeu-de-Paume, 16.

MICHEL (Félix), rue Clos-René, 5.

MICHEL (Henri), Architecte, boulevard Victor Hugo, 3.

MICHEL (Théophile), rue Clos-René, 5.

MILHAUD, Avocat, Docteur en Droit, rue des Carmes, 14.

MILHAUD, Professeur à la Faculté des Lettres, I. P., enclos Laffoux, Villa Saint-Ange.

MOITESSIER, Professeur-Agrégé à la Faculté de Médecine, boulevard Ledru-Rollin, 3.

MONTPELLIER (La Ville de) — F.

NÈGRE (Gaston), Conseiller général, avenue du Stand, 6.

PAILHÉ, Premier Président, Grenoble.

PELON (Dr Henri), médecin des eaux de Luchon, rue Edouard-Adam, 6.

PÉZENAS (La Ville de) — F.

PEZET, Docteur en Médecine, maire de Montpellier, Administrateur des hospices, I. P., boulevard de l'Observatoire, 3.

PLANCHON, Professeur à l'École de Pharmacie, chemin de Nazareth, 5.

PONSET, Avocat, rue École de Médecine, 3.

POUTINGON (Jules), Avocat, rue Collot, 5.

PRADAL (Mlle Antoinette), Professeur de Français et d'Espagnol, rue du Cannau, 13.

QUESNEL, Directeur de l'École supérieure de Commerce, I. P., rue de la République, 15.

QUESNEL (Marius), Chef du service des titres au Crédit Lyonnais.

RAGOT, Commandant au 140e de ligne, Grenoble.

RAJAU, Coiffeur, place de la Comédie, 3.

RÉCLARD, Relieur, rue Puits-des-Esquilles, 6.

RENARD (Victor), Grand'Rue, 25.

REYNAUD, Professeur au Lycée Louis-le-Grand, I. P., Paris.

REYNÈS, ancien Vice-Président du Conseil de Préfecture, rue Vieille-Intendance, 9.

MM.

RIGAL (Eugène), Professeur à la Faculté des Lettres, ⬦ I. P., rue Auguste Broussonnet, avenue Chancel.

ROOS (Lucien), Directeur de la Station œnologique de l'Hérault.

ROTT-ZIMMER, Brasseur, rue Edouard-Adam, 4.

ROUSSEL (Charles), ⬦ I. P., Proviseur honoraire, rue Mareschal, 10.

ROUSSEL, Avocat, ancien Bâtonnier, rue Fabre, 4.

ROUSSY, Avocat, Docteur en droit, rue Terral, 8.

ROUVIER, Avocat, Conseiller général, rue de la Petite-Loge.

ROUVILLE (De), Doyen honoraire de la Faculté des Sciences, ✻, ⬦ I. P., rue Henri-Guinier, 10. — F.

ROUX (François), Avoué, Plan du Palais, 7.

SABATIER, Doyen de la Faculté des Sciences, ✻, ⬦ I. P., correspondant de l'Institut, rue Barthez, 1.

SAHUT (l'Abbé E.), Sous-Directeur de l'École libre de la Trinité, Béziers.

SAPORTA (Comte Antoine De), rue Philippi, 3.

SARDI (Gustave), propriétaire, rue Eugène Lisbonne, 8.

SERRE (Fernand), avocat, rue Levat, 2.

SERRE et ROUMÉGOUS, Imprimeurs, rue Vieille-Intendance, 3.

SEPTFONS, Négociant, rue Jeu-de-Ballon.

SLIZEWICZ (Georges), rue des Grenadiers, 26.

TÉDENAT, Professeur à la Faculté de Médecine, ⬦ I. P., rue Castilhon, 4.

TEULON (D'), Grand'Rue, 29.

TINDEL (Arnaud), Propriétaire, rue Nationale, 8.

TISSIÉ (Alphonse), Banquier, ✻, rue du Petit Saint-Jean, 2. — F.

TRUC, Professeur à la Faculté de Médecine, ⬦ I. P., rue du Carré-du-Roi.

VALÉRY, Professeur à la Faculté de Droit, rue Vieille-Intendance, 9.

VALLAT (Henry), Avocat, Docteur en Droit, rue du Palais, 6.

VERNIÈRE (Michel), ✻, ancien Député, ancien Maire de Montpellier, boulevard Louis-Blanc, 21.

VIALLES (Pierre), Avocat, rue Aiguillerie, 21.

VIALLETON, ancien Doyen de la Faculté de Médecine, rue École-de-Droit, 17.

MM.

Vigié, Doyen de la Faculté de Droit, ✳, ◯ I. P., rue Achille-Bégé, 3.

Ville, Professeur à la Faculté de Médecine, ◯ I. P., rue Gerhardt, villa Jeanne-Marie.

Vivien (Léon), Docteur en Médecine, Castelnau-le-Lez.

Warnery (Charles), cours Gambetta, 27.

Waton (Docteur), Chirurgien-Dentiste, rue de la Loge, 11 bis.

Yon, Inspecteur d'Académie honoraire, ◯ I. P., Paris.

Nous rappelons que la cotisation annuelle est de 10 fr. — On devient fondateur en versant une somme de 200 fr., qui tient lieu de toute cotisation à venir.

Les dames peuvent faire partie de l'Association.

Les cotisations sont encaissées par les soins de M. Meynier de Salinelles, à la Banque Tissié-Sarrus, rue Petit-Saint-Jean, 2.

D'après l'article 9 des statuts, tout sociétaire qui veut sortir de la Société doit dénoncer sa démission avant le 15 décembre de chaque année, et rendre sa carte de sociétaire.

Les nouvelles adhésions ainsi que les rectifications à faire à la présente liste, doivent être adressées

au Président :	ou au Secrétaire Général :
M. Achille DUNAL, rue Aiguillerie, 29,	M. Jos. BERTHELÉ, 11, impasse Pagès.

N. B. — Prière de signaler à M. le Secrétaire général les erreurs ou omissions qui peuvent exister dans cette liste, afin qu'elles soient corrigées lors du prochain tirage.

MONTPELLIER. — IMPRIMERIE GUSTAVE FIRMIN ET MONTANE.

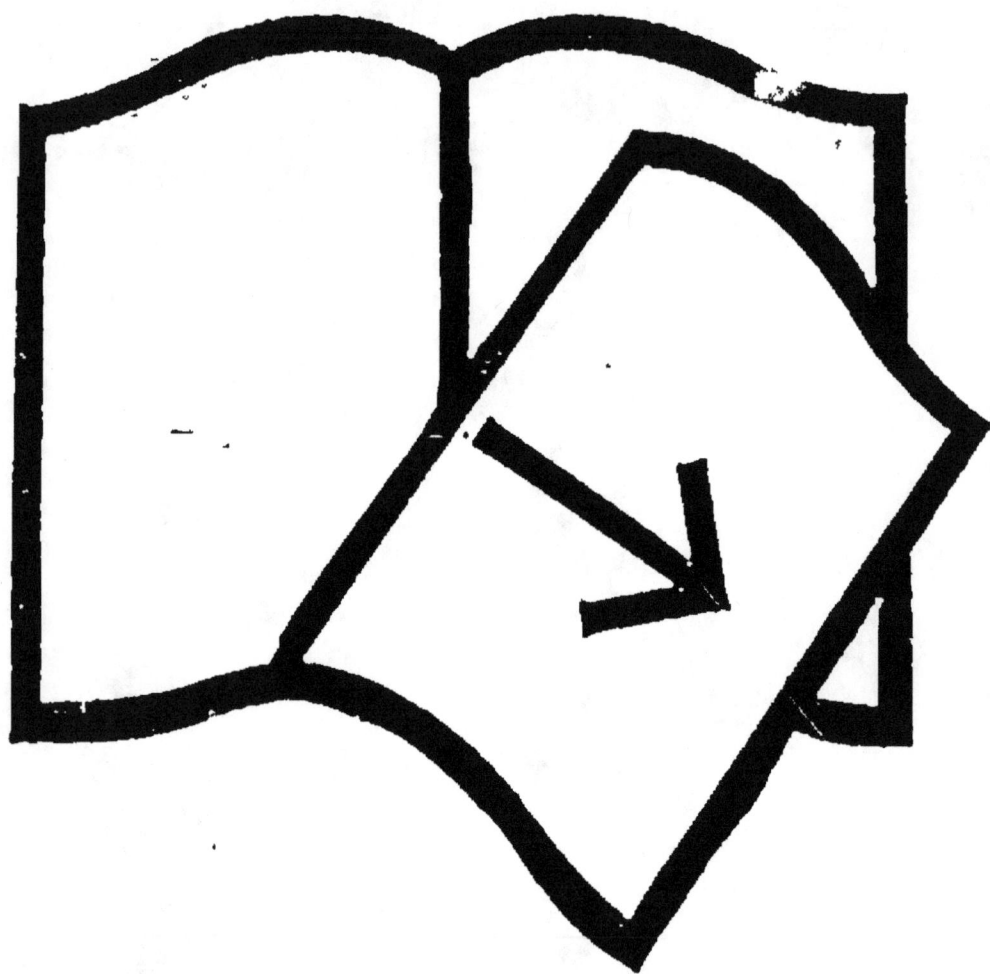

Documents manquants (pages, cahiers...)
NF Z 43-120-13

www.ingramcontent.com/pod-product-compliance
Lightning Source LLC
Chambersburg PA
CBHW060748280326
41934CB00010B/2407